Papillons
livre de coloriage

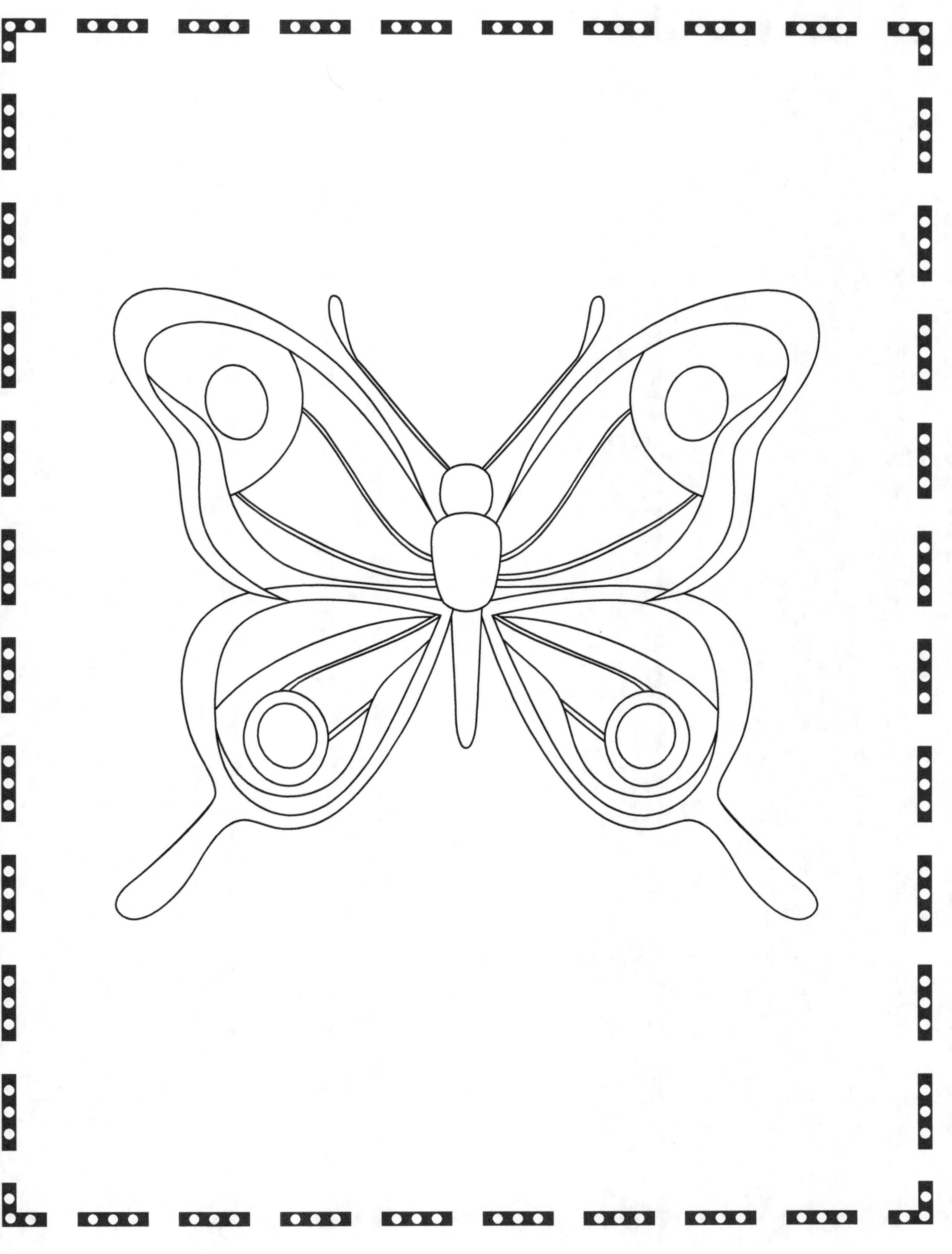

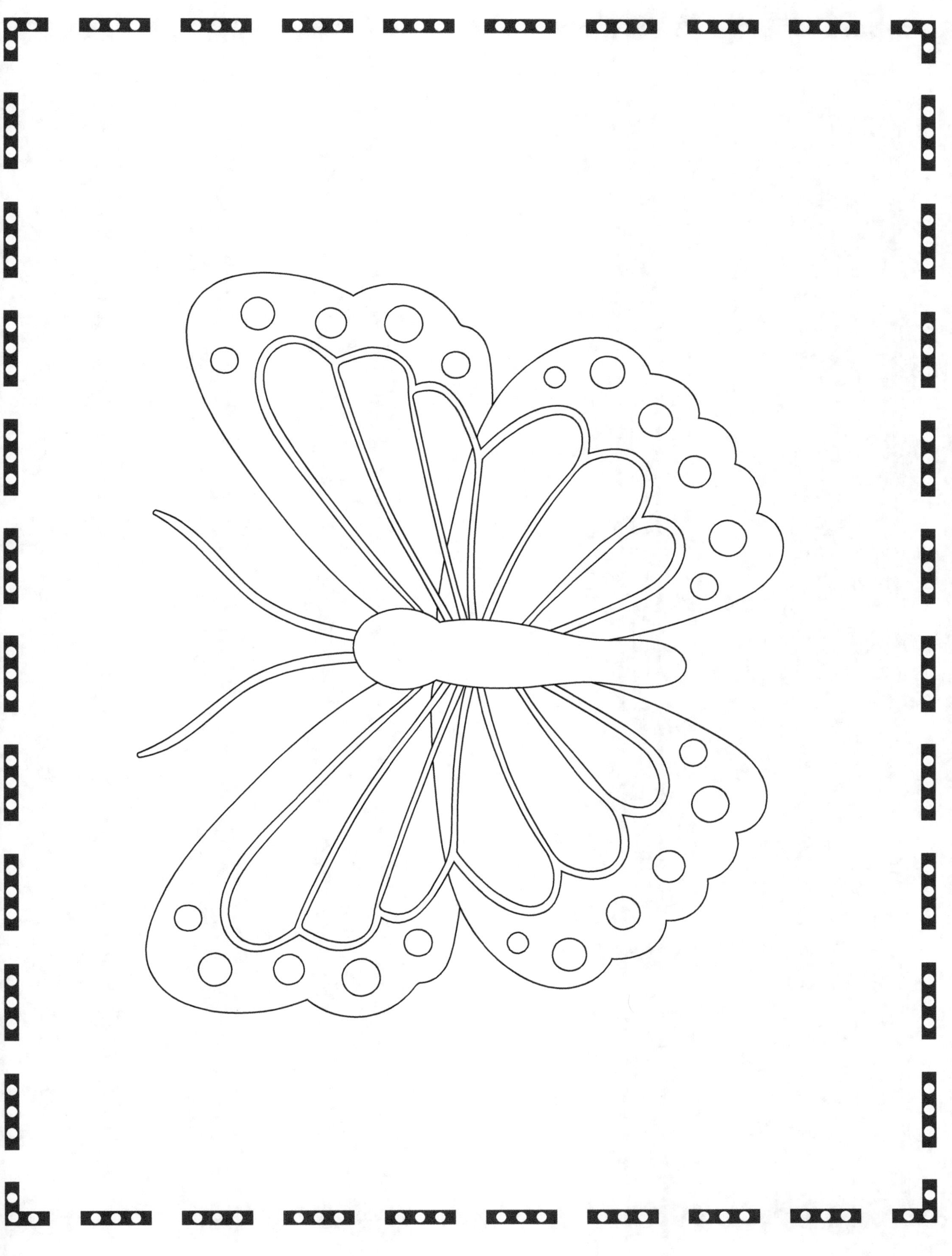

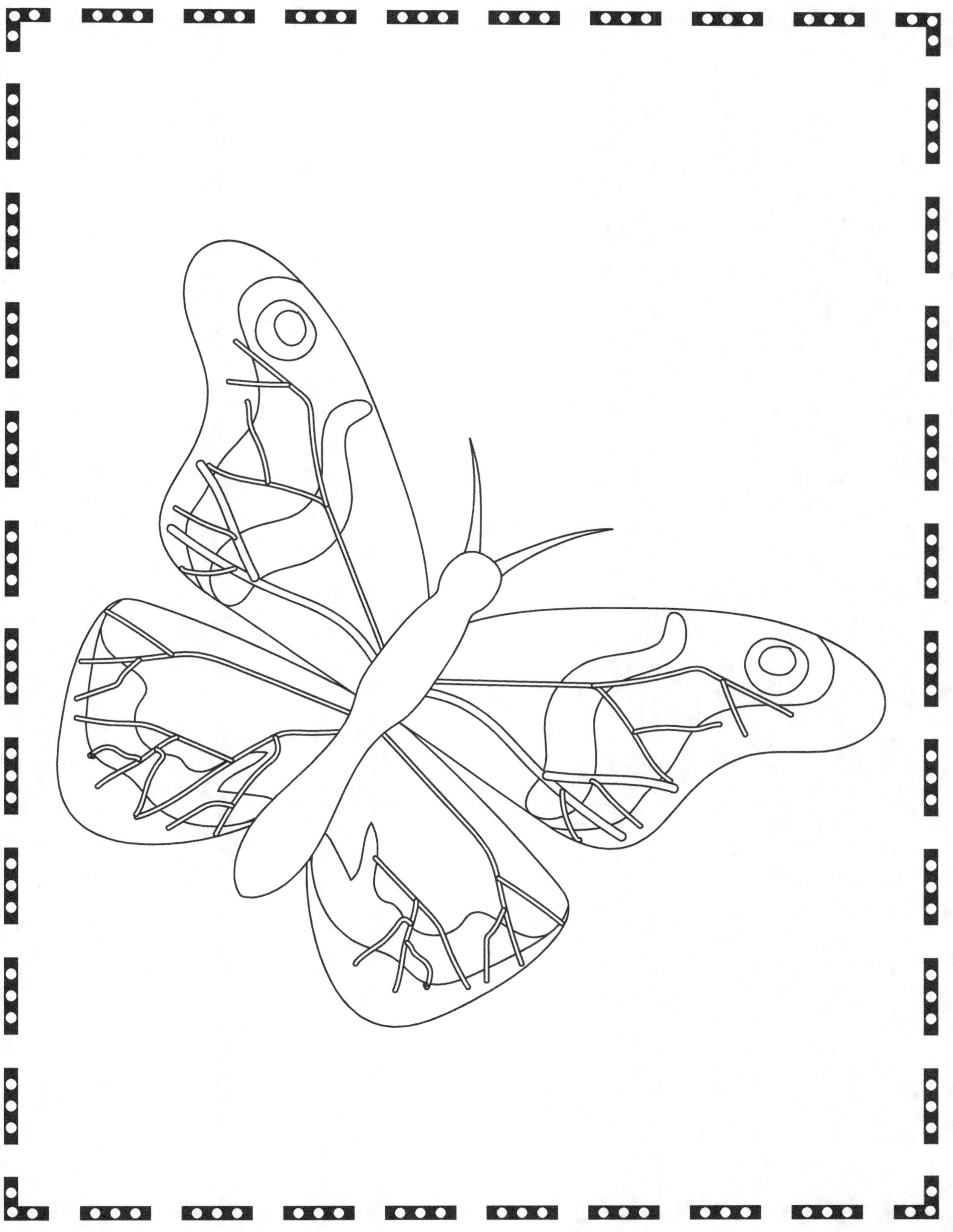

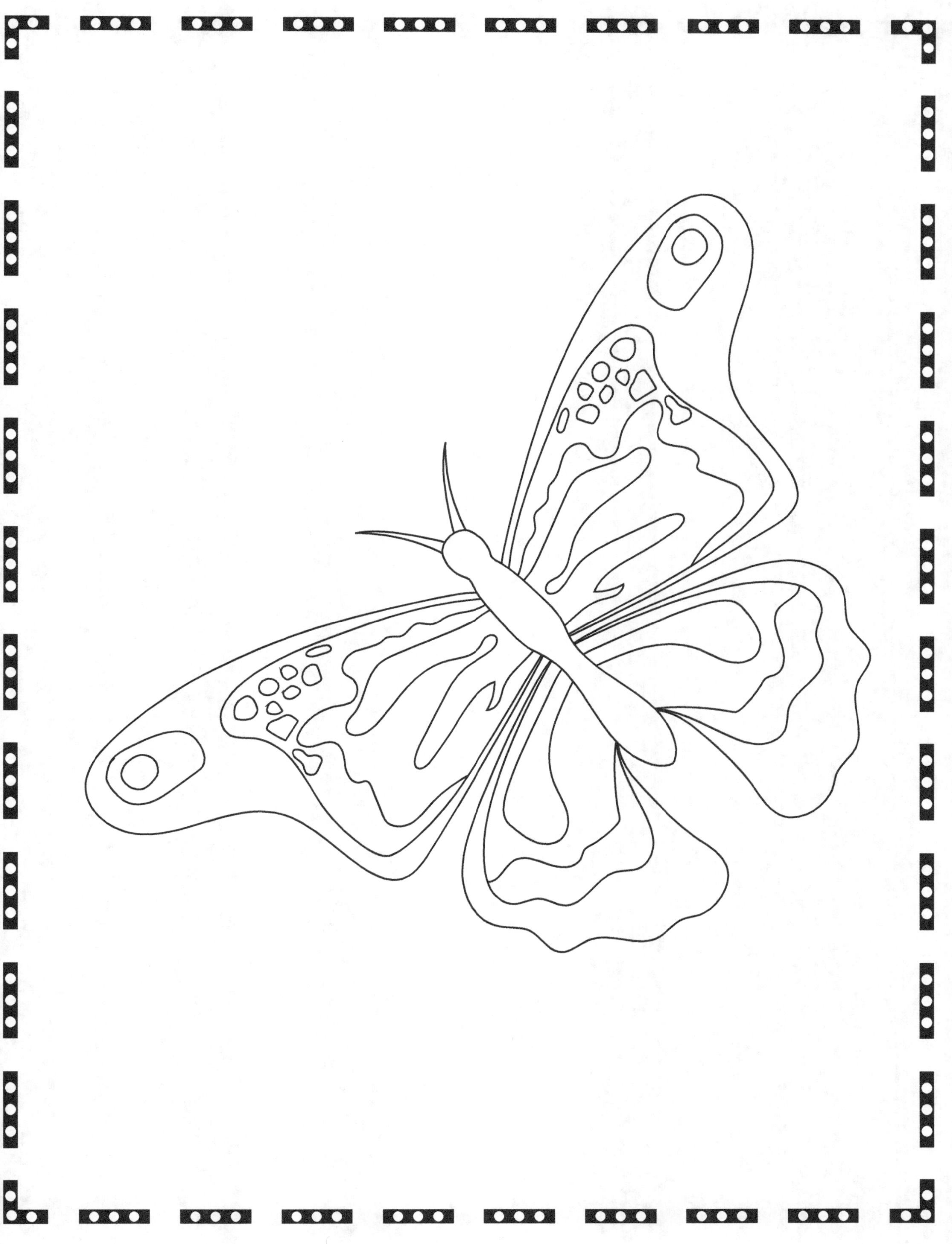

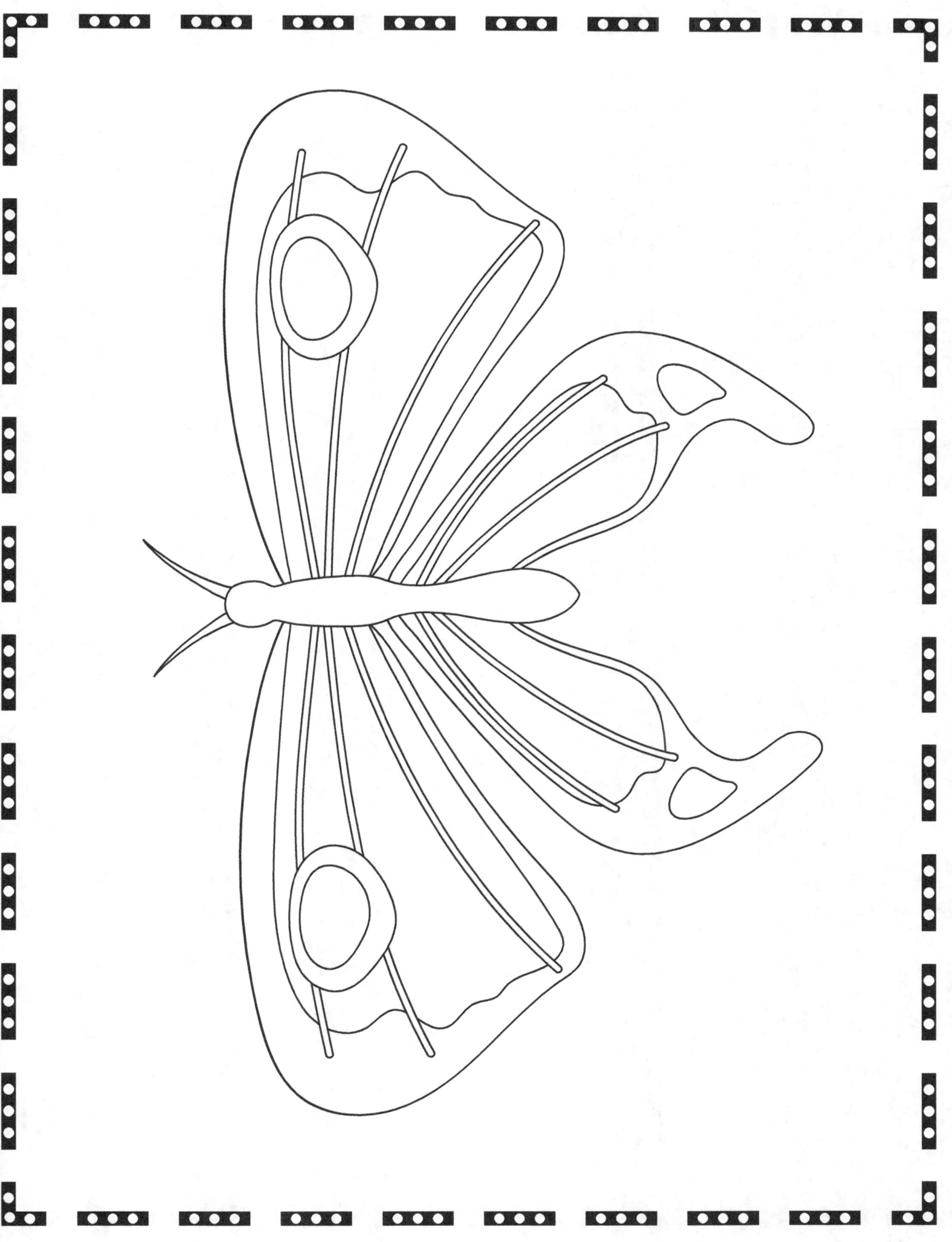

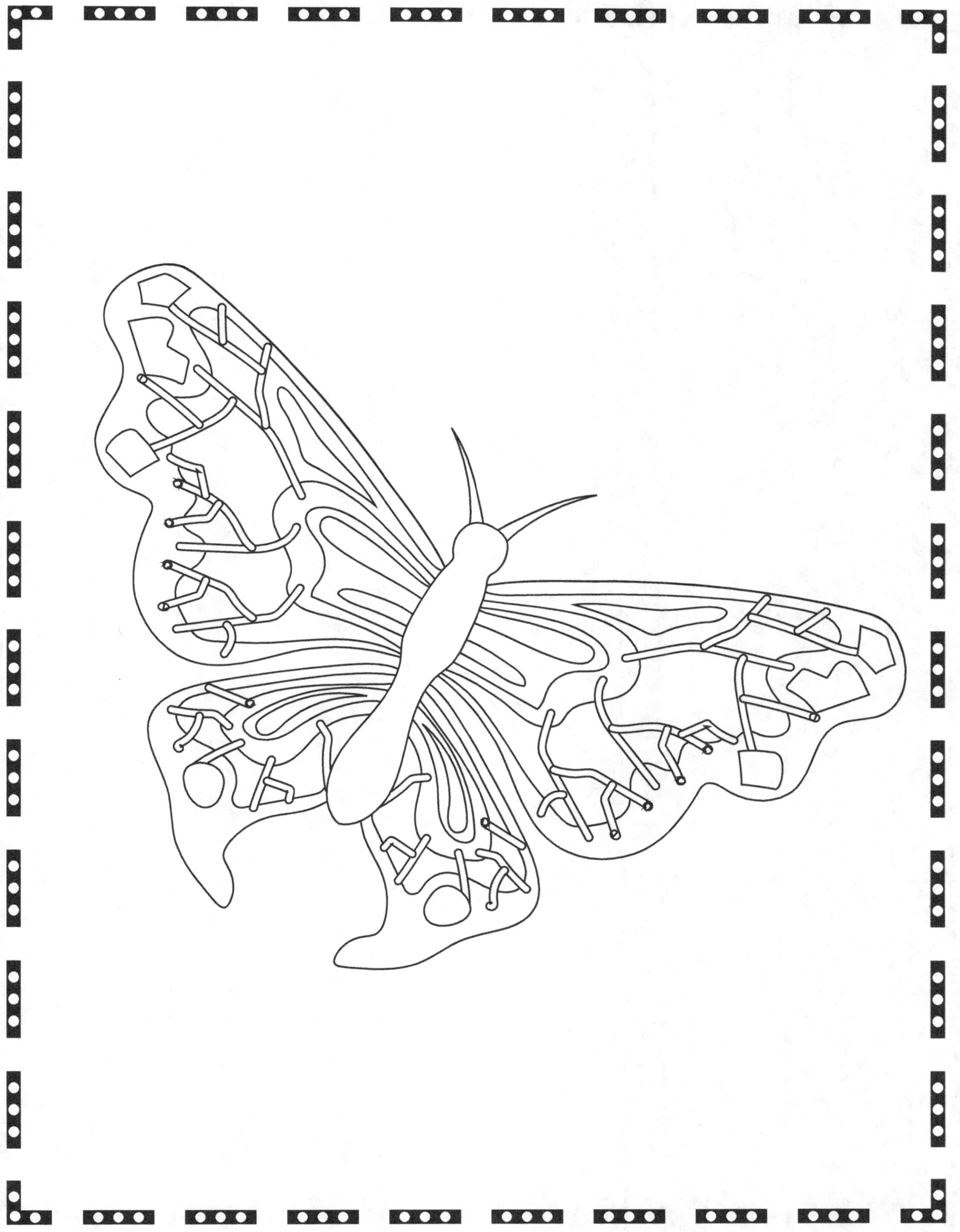

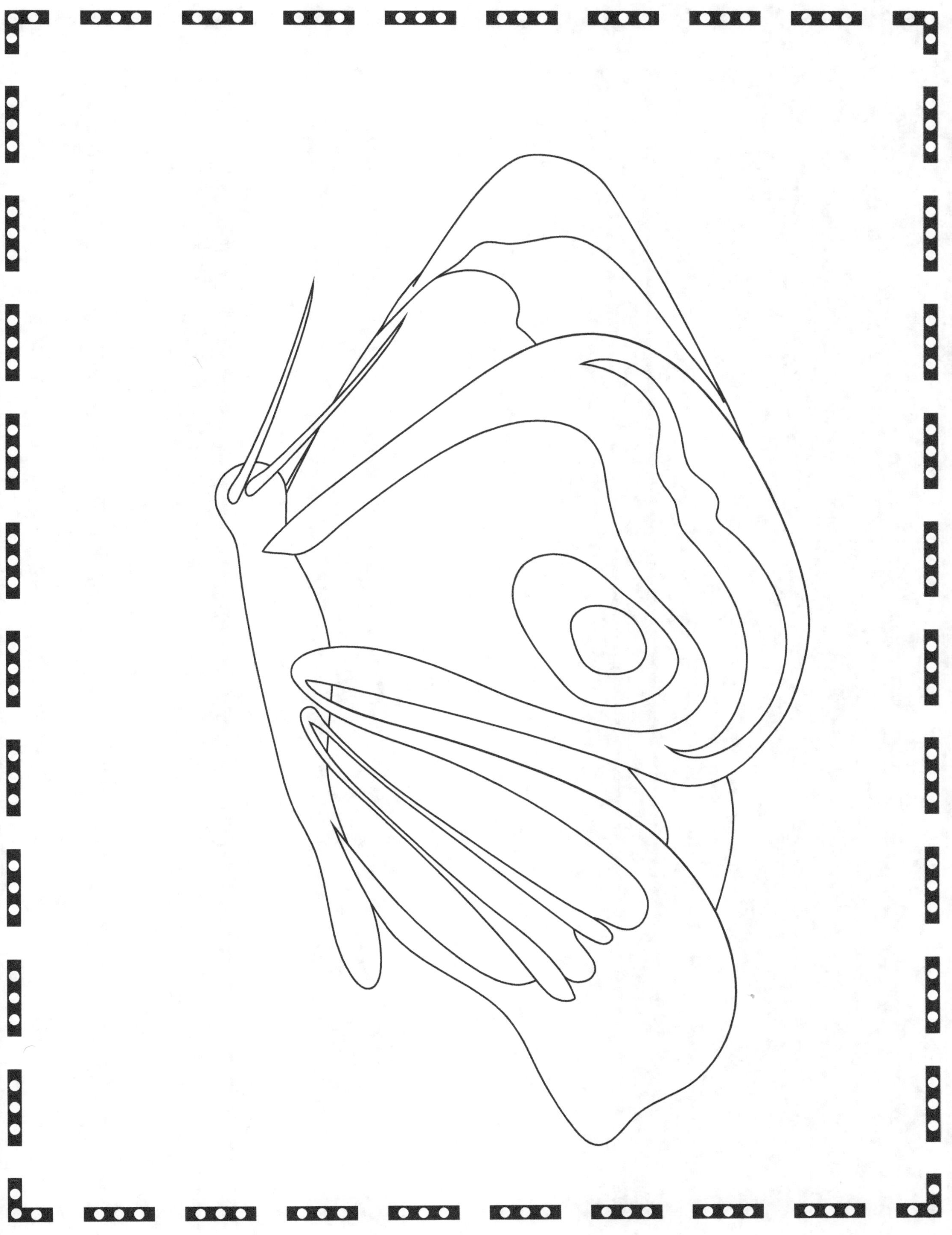

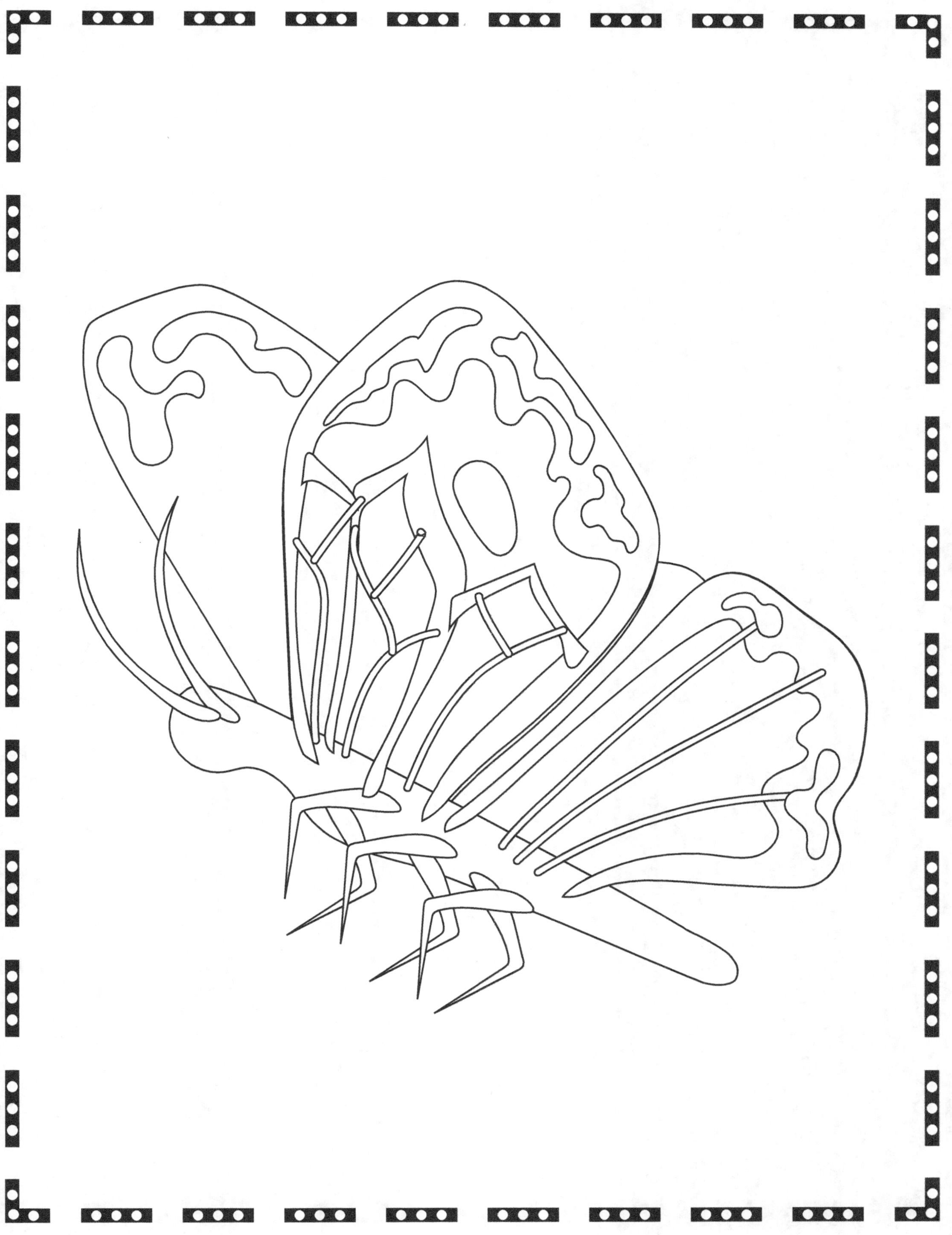

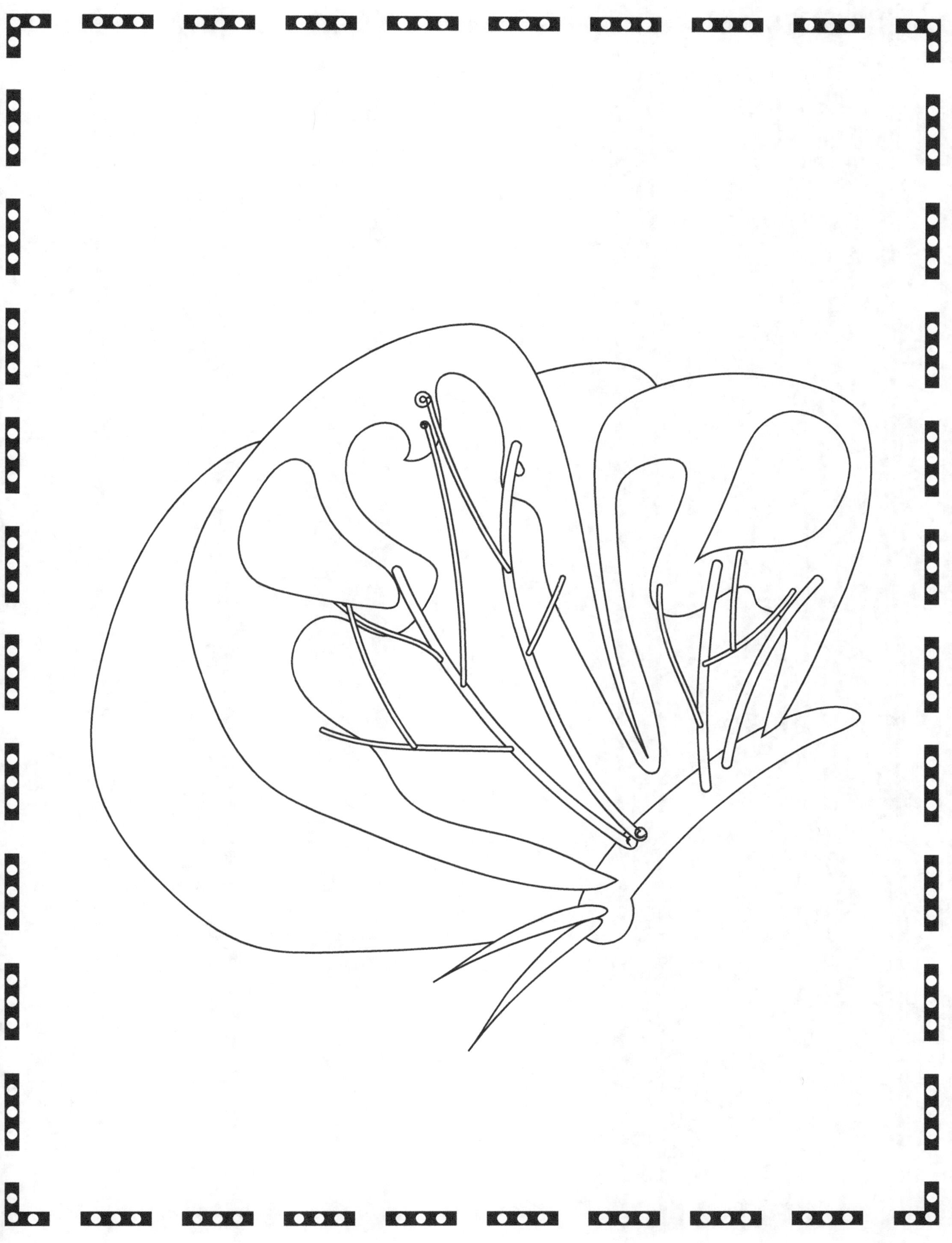

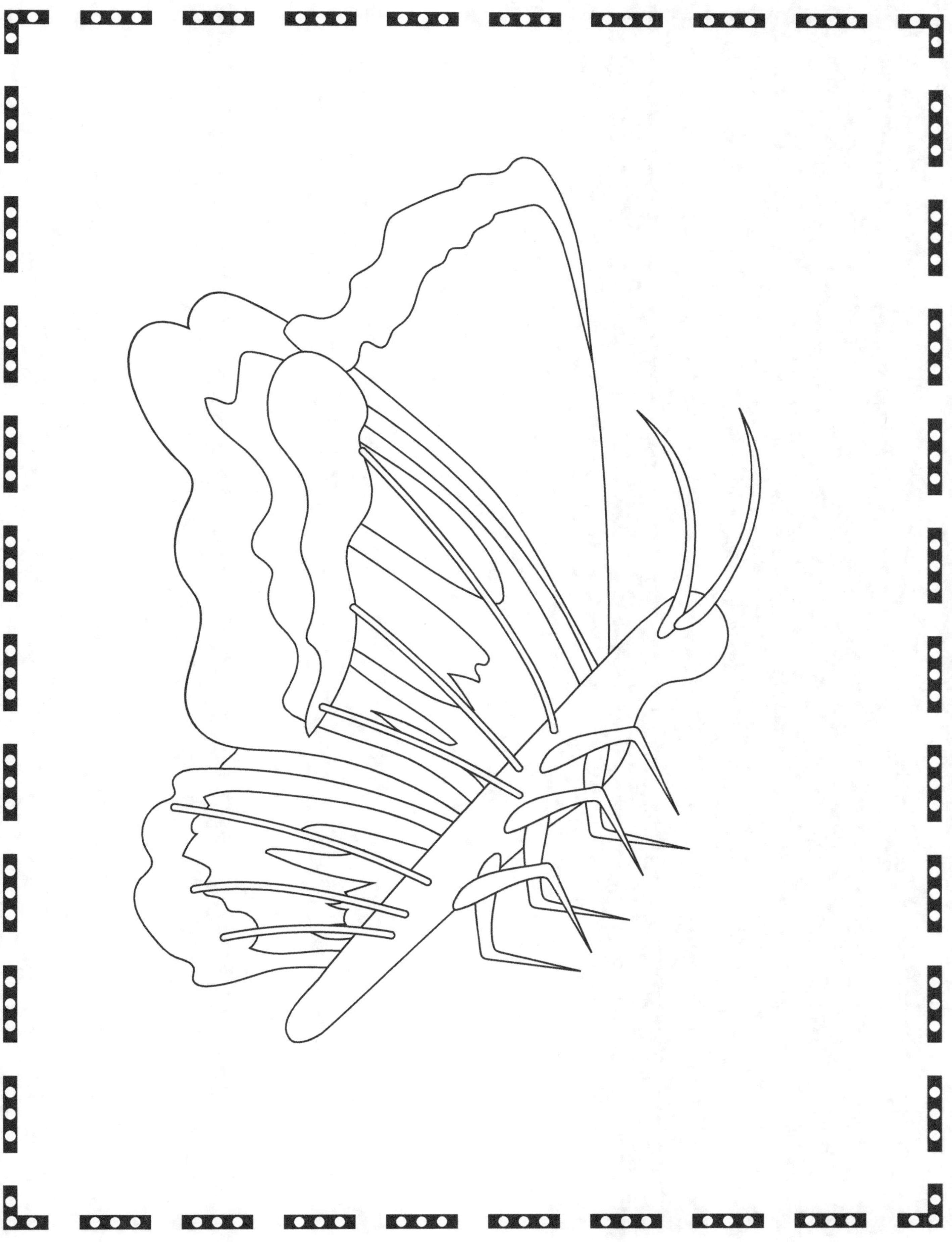

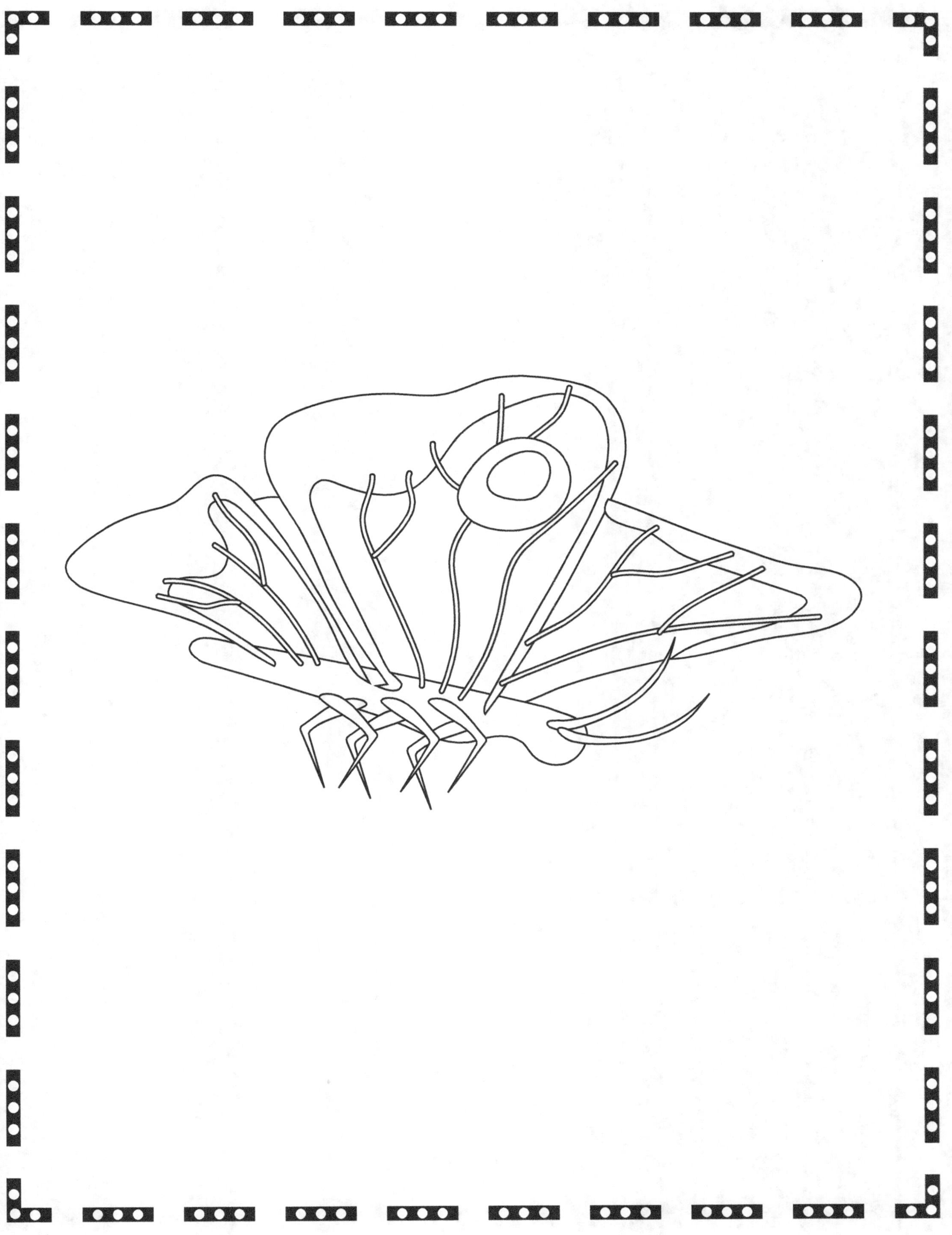

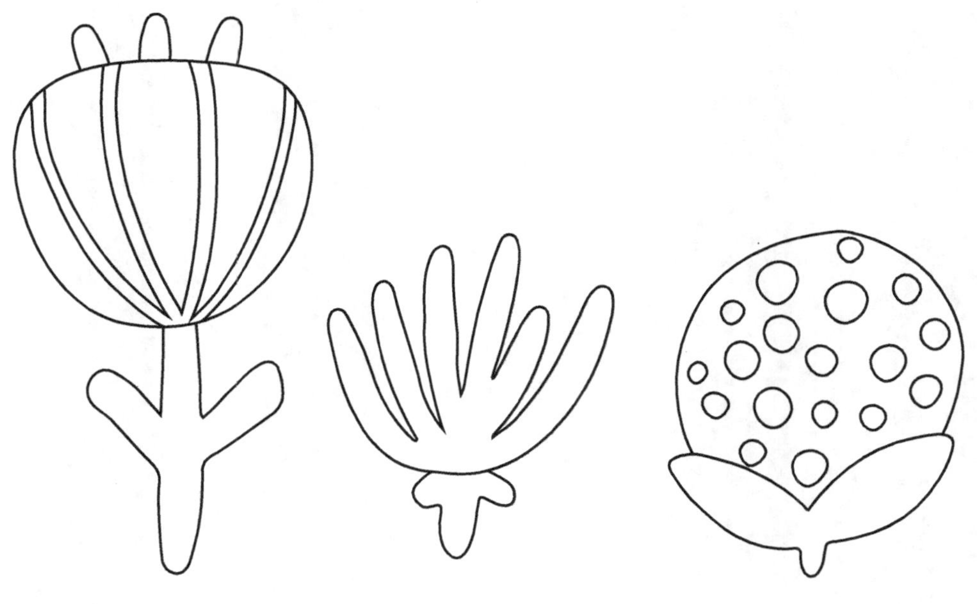

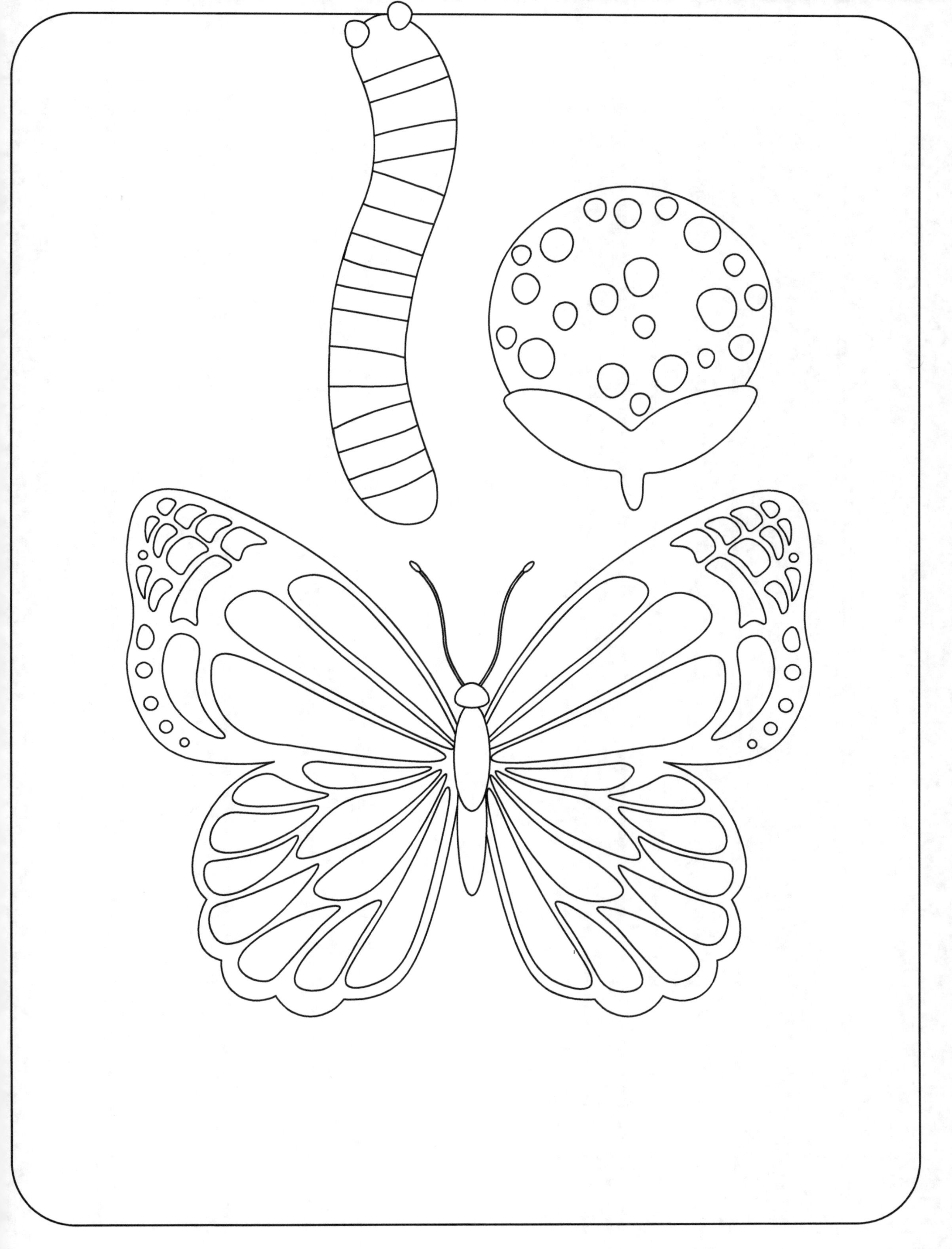

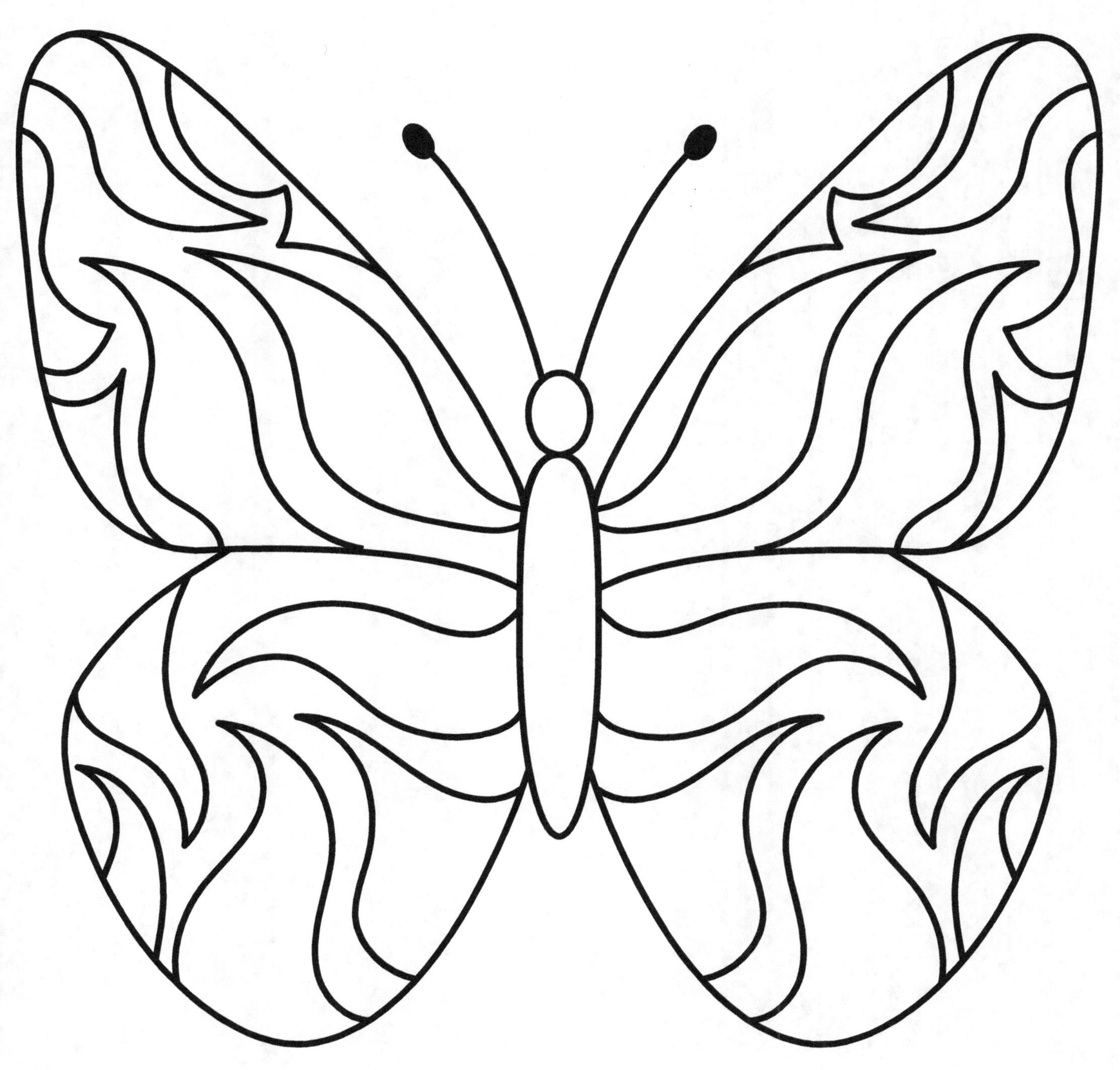

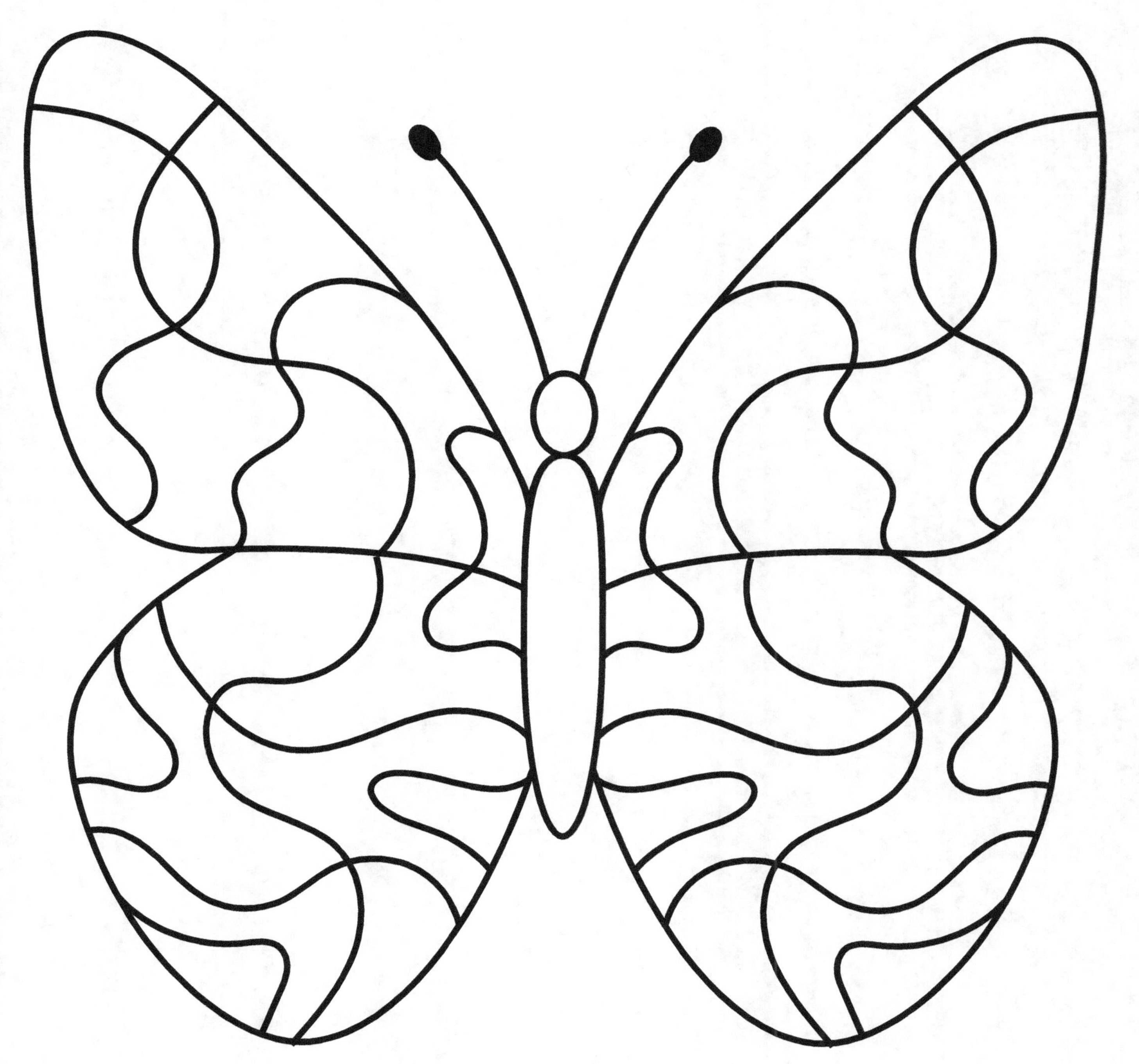